www.ingramcontent.com/pod-product-compliance
Lightning Source LLC
LaVergne TN
LVHW010418070526
838199LV00064B/5336

سیرت شیخ عبدالقادر جیلانیؒ

مقصود الحسن فیضی

© Maqsoodul Hasan Faizi

Seerat Sheikh Abdul Qadir Jilani

by: Maqsoodul Hasan Faizi

Edition: March '2024
Publisher :
Taemeer Publications LLC (Michigan, USA / Hyderabad, India)

ISBN 978-93-5872-788-3

9 789358 727883

مصنف یا ناشر کی پیشگی اجازت کے بغیر اس کتاب کا کوئی بھی حصہ کسی بھی شکل میں بشمول ویب سائٹ پر اَپ لوڈنگ کے لیے استعمال نہ کیا جائے۔ نیز اس کتاب پر کسی بھی قسم کے تنازع کو نمٹانے کا اختیار صرف حیدرآباد (تلنگانہ) کی عدلیہ کو ہو گا۔

© مقصود الحسن فیضی

کتاب	:	**سیرت شیخ عبدالقادر جیلانیؒ**
مصنف	:	**مقصود الحسن فیضی**
پروف ریڈنگ / تدوین	:	اعجاز عبید
صنف	:	سیرت
ناشر	:	تعمیر پبلی کیشنز (حیدرآباد، انڈیا)
سالِ اشاعت	:	۲۰۲۴ء
صفحات	:	۴۲
سرورق ڈیزائن	:	تعمیر ویب ڈیزائن

سیرت شیخ عبد القادر جیلانیؒ

نام ونسب

آپ کا نام عبد القادر بن ابی صالح جنگی دوست بن عبد اللہ ہے۔

[سیر اعلام النبلاء۴۳۹/۲۰]

کہا جاتا ہے کہ آپ کا نسب حضرت حسن بن علی رضی اللہ عنہ سے ملتا ہے۔[ذیل طبقات الحنابلہ ۲۹۰/۱]

آپ کا مشہور لقب محی الدین اور کنیت ابو عبد اللہ ہے۔ امام ذہبی رحمہ اللہ اور دوسرے مورخین نے آپ کو مزید متعدد القاب سے یاد کیا ہے۔ مثلاً امام ذہبی رحمہ اللہ لکھتے ہیں:

الشیخ الامام العالم الزاھد العارف القدوہ شیخ الاسلام علم الاولیاء محی الدین ابو محمد عبد القادر۔[سیر :۴۳۹/۲۰]۔

حافظ ابن رجب حنبلی رحمہ اللہ رقمطراز ہیں:

شیخ العصر و قدوۃ العارفین و سلطان المشائخ، صاحب المقامات والکرامات والعلوم والمعارف والاحوال المشھورۃ۔[ذیل الطبقات ۲۹۰/۱]۔

البتہ آج کل آپ کو پیران پیر، غوث اعظم، غوث پاک، قطب الاقطاب جیسے القاب سے یاد کیا جاتا ہے جبکہ یہ القاب غیر شرعی بلکہ بعض تو قطعا جائز نہیں ہیں۔ جیسے

غوث یا غوث اعظم وغیرہ۔

پیدائش

شیخ عبد القادر جیلانی رحمہ اللہ ۴۷۰ھ یا ۴۷۱ھ میں صوبہ گیلان کے بشتیر نامی شہر میں پیدا ہوئے۔[دائرۃ المعارف للبستانی ۶۲۱/۱۱]۔

آپ کا خاندان ایک علمی گھرانہ تھا، آپ کے نانا ابو عبد اللہ الصومعی مشہور صوفی بزرگ تھے حتی کہ آپ سبط ابی عبد اللہ الصومعی الزاھد کے نام سے جانے جاتے تھے۔ [السیر ۴۴۴/۲۰]۔یعنی ابو عبد اللہ الصومعی زاہد کے نواسے۔

آپ کا حلیہ

کتابوں میں آپ کا حلیہ کچھ اس طرح بیان ہوا ہے کہ میانہ قد، گندمی رنگ، چوڑا سینہ دبلا پتلا بدن، بھری داڑھی، بھنویں ایک دوسرے سے ملی ہوئی اور بارعب چہرہ۔ [دائرۃ المعارف للبستانی ۶۲۱/۱۱]۔

تعلیم و تربیت

آپ کی ابتدائی تعلیم سے متعلق مستند کتب تاریخ خاموش ہیں، بعض کتب سے اتنا پتہ چلتا ہے کہ آپ کا خاندان ایک علمی خاندان تھا، آپ کے شہر کے لوگ مذہب حنبلی پر قائم تھے اور آپ نے بغداد کے سفر سے پہلے قرآن مجید وغیرہ کی تعلیم حاصل کرلی تھی۔

بغداد کا سفر

اس وقت بغداد جہاں مسلمانوں کا سیاسی مرکز تھا وہیں ایک علمی و ثقافتی مرکز بھی تھا، اس لئے شیخ نے ابتدائے عمر ہی میں بغداد کا قصد کیا۔ مورخین لکھتے ہیں کہ ۴۸۸ھ ایام جوانی میں آپ بغداد وارد ہوئے اس وقت آپ کی عمر ۱۷ یا ۱۸ سال تھی۔ [تاریخ دعوت وعزیمت ۱/۱۹۷]۔

بغداد میں آپ نے وہاں کے نامور اہل علم سے اپنی علمی پیاسی بجھائی، اساتذہ میں سے بعض کے نام یہ ہیں:

اساتذۂ حدیث

آپ نے علم حدیث ابو غالب محمد بن الحسن الباقلانی متوفی ۵۰۰ھ، جعفر بن احمد السراج متوفی ۵۰۰ھ، ابو سعد محمد بن عبد الکریم بن حشیش بغدادی متوفی ۵۰۲ھ اور احمد بن المظفر بن حسن بن سوسن التمار متوفی ۵۰۳ھ جیسے ائمہ فن سے لیا۔ [السیر ۲۰/۴۲۰]۔

اساتذۂ فقہ واصول

علم فقہ واصول میں آپ کے بعض مشہور اساتذہ کے نام درج ذیل ہیں:

ابو سعد المخرمی حنبلی متوفی ۵۱۳ھ، ابو الخطاب الکلوبازی حنبلی متوفی ۵۱۰ھ، اور ابو الوفا ابن عقیل حنبلی ۵۱۳ھ۔ اس وقت بغداد میں یہ تینوں حضرات فقہِ حنبلی کے اساطین فن سمجھے جاتے تھے۔ حتی کہ مذہب حنبلی کے اصول و فروع اور علم خلافیات میں پوری دست رس حاصل کی بلکہ اپنے تمام ہم عصروں پر سبقت لے گئے۔ اور اپنے اساتذہ کے بعد آپ ہی بغداد میں فقہ حنبلی کے مرجع ٹھہرے۔ [ذیل الطبقات ۱/۲۹۰]۔

ادب و قواعد کے اساتذہ

علم ادب و لغت میں آپ کے خاص اساتذہ میں خطیب تبریزی حامد اللہ متوفی ۵۰۲ھ، جیسے اساتذہ فن کا نام ملتا ہے۔

علم سلوک و تصوف

علوم ظاہریہ کے ساتھ ساتھ آپ کی توجہ علم باطن کی طرف بھی تھی جس کی ابتدائی تعلیم اپنے فقہ کے استاذ ابو سعد المخرمی سے لی، نیز اس وقت بغداد میں مشہور صوفی حماد بن مسلم الدباس متوفی ۵۲۵ھ، کا خوب چرچا تھا اس لئے شیخ عبد القادر جیلانی رحمہ اللہ نے علم و سلوک و تصوف کے لئے ان کے سامنے بھی زانوئے تلمذ تہ کیا اور سالوں سال ان کی مجلس میں شریک ہوتے رہے خاص کر جمعہ کے دن ان کی مجلس میں ضرور حاضر ہوا کرتے تھے۔[السیر ۵۹۶/ ۱۹، ذیل الطبقات ۵۹۱/ ۱]۔

عہد طالبِ علمی کی مشکلات اور اللہ کی خصوصی مدد

اللہ تبارک و تعالی جب اپنے کسی بندے سے کوئی خاص اور اہم کام لینا چاہتا ہے تو جہاں ایک طرف اس کام کے لحاظ سے اس کی تربیت و تعلیم کے مواقع فراہم کرتا ہے وہیں دوسری طرف اس راہ میں پیش آنے والی دشواریوں کو بھی آسان کرتا اور اس بندے کو ہر آزمائش میں کامیاب بھی بناتا ہے، یہی کچھ حضرت شیخ الامام عبد القادر رحمہ اللہ کے ساتھ بھی ہوا کہ طلب علم کی راہ میں انہیں بہت سی مشکلات کا سامنا کرنا پڑا جیسے وطن سے دوری، بھوک و پیاس اور تنگ دستی۔ لیکن اللہ تبارک و تعالی نے متعدد مقامات پر ان کی ایسی دستگیری فرمائی کہ ان کے پائے ثبات متزلزل نہ ہونے پائے، شیخ عبد القادر

رحمہ اللہ خود بیان کرتے ہیں کہ طالب علمی کے زمانہ میں بسا اوقات خرنوب نامی کانٹے دار درخت، سبزیوں کے گرے پڑے ٹکڑے اور خس کے پتے کھا کر گزارہ کرتا تھا۔ [السیر ۴۴۴/ ۲۰، ذیل الطبقات ۲۹۸/ ۱]۔

ایام طالب علمی کا اپنا ایک واقعہ بیان کرتے ہیں کہ ایک بار میں بیابان میں فقہ کے درس کا مراجعہ کر رہا تھا اس وقت مجھے سخت بھوک پیاس کا احساس ہوا جب میں بہت تنگ آگیا تو غیب سے ایک آواز آتی ہے لیکن کوئی آواز دینے والا دکھائی نہیں دے رہا تھا، آواز دینے والا کہہ رہا تھا کہ قرض لے کر علم فقہ حاصل کرنے پر مدد حاصل کرو، میں نے جواب دیا کہ قرض کی ادائیگی کا میرے پاس کوئی ذریعہ نہیں ہے، میں فقیر ہوں اگر قرض لیتا ہوں تو اس کی ادائیگی کیسے کر پاؤں گا۔ آواز دینے والے نے کہا: قرض لے لو ادائیگی میں کر دوں گا۔ چنانچہ میں ایک کرانہ کی دوکان پر آیا اور دکاندار سے کہا کہ تم مجھے روزانہ ایک روٹی اور کچھ حب رشاد اس شرط پر دے دیا کرو کہ جب میرے پاس ادائیگی کی طاقت ہوگی تو میں ادا کر دوں گا اور اگر میں مر گیا تو مجھے معاف کر دینا، میری یہ بات سن کر وہ رونے لگا اور کہا کہ آپ جس طرح چاہیں میں تیار ہوں، خلاصہ یہ کہ میں ایک مدت تک اس سے روٹی اور حب رشاد لیتا رہا اس طرح کافی دن گزر گئے تو مجھے بڑی الجھن محسوس ہوئی کہ میں کب تک اس سے اس طرح لے کر کھاتا رہوں گا، اس پر ابھی تھوڑی ہی مدت گزری ہوگی کہ مجھے محسوس ہوا کہ کوئی شخص مجھ سے کہہ رہا ہے فلاں جگہ چلے جاؤ اور اس جگہ جو چیز بھی ملے تم اسے اٹھا لو اور دکاندار کا قرض ادا کر دو، چنانچہ میں وہاں پہنچا تو کیا دیکھتا ہوں کہ وہاں سونے کا ایک ٹکڑا پڑا ہے اسے میں نے لے لیا اور دکاندار کا قرض ادا کر دیا۔ [السیر ۴۴۵/ ۲۰، ذیل الطبقات ۲۹۹/ ۱]۔

اسی طرح شیخ رحمہ اللہ اپنا ایک اور واقعہ بیان کرتے ہیں کہ ایک بار سخت مہنگائی

کے ایام میں مجھے بہت ہی تنگی کا سامنا کرنا پڑا یہاں تک کہ کئی دن تک مجھے کچھ کھانے کو نہ ملا صورت حال یہ تھی کہ میں گری پڑی چیزیں اٹھا کر کھاتا رہا یہاں تک کہ ایک دن سخت بھوک کی وجہ سے میں گھر سے نکلا اور دریا کی طرف چلا کہ شاید وہاں کوئی سبزی کا پتہ یا اور کوئی چیز مل جائے جس سے میں اپنے بھوک کی آگ بجھاؤں، اس تلاش میں جس جگہ بھی پہنچتا دیکھتا کہ فقیر و مسکین لوگ ہم سے پہلے وہاں پہنچ چکے ہیں چنانچہ میں شرما کر واپس ہو جاتا۔ یہ صورت حال دیکھ کر وہاں سے واپس ہوا کہ شاید شہر میں کوئی گری پڑی چیز بھوک مٹانے کے لئے مل جائے لیکن کوئی چیز کھانے کے لئے نہ مل سکی اب میں بہت تھک چکا تھا اور مجھ میں برداشت کی طاقت نہ رہ گئی تھی اس لئے ایک مسجد میں جا کر بیٹھ گیا اور موت کا انتظار کرنے لگا، اتنے میں دیکھتا ہوں کہ ایک اجنبی نوجوان مسجد میں داخل ہوتا ہے اس کے پاس روٹی اور بھونا ہوا گوشت تھا وہ بیٹھ کر کھانے لگا، میں اس کی طرف للچلائی نظروں سے دیکھ رہا تھا، وہ جب بھی کوئی لقمہ اٹھاتا تو لالچ سے میرا منہ کھل جاتا کچھ دیر میں وہ میری طرف متوجہ ہوا اور کہا کہ بسم اللہ کرو، میں نے انکار کیا لیکن اس نے قسم دلائی کہ تمھیں ضرور کھانا ہے چنانچہ میں بھی اس کے ساتھ تھوڑا تھوڑا کھانے لگا اس نے مجھ سے پوچھا کہ تم کون ہو، کیا کرتے ہو اور تمہارا گھر کہاں ہے؟ میں نے اسے بتلایا کہ میں گیلان کا رہنے والا ایک متفقہ [طالب فقہ] ہوں، اس نے کہا کہ میں بھی گیلان کا رہنے والا ہوں، کیا تم مجھے ایک گیلانی نوجوان کے بارے میں کچھ بتلا سکتے ہو جس کا نام عبد القادر ہے اسے لوگ سبط ابو عبد اللہ الصومعی الزاہد کے نام سے جانتے ہیں، میں نے جواب دیا کہ وہ تو میں ہی ہوں، یہ سن کر وہ پریشان ہو گیا، اس کے چہرے کا رنگ بدل گیا اور کہنے لگا اللہ کی قسم اے بھائی میں جب بغداد پہنچا تو میرے پاس کچھ زاد سفر باقی تھا، میں تمہارے بارے میں پوچھتا رہا لیکن تمہارے بارے میں کسی نے کوئی خبر نہ دی، یہاں تک کہ میرا

زاد راہ ختم ہو گیا، حتی کہ تین دن ایسے گزر گئے کہ میرے پاس تمہاری امانت کے علاوہ کوئی اور چیز باقی نہ رہ گئی، اس لئے جب آج چوتھا دن ہوا تو میں نے اپنے دل میں کہا کہ بھوک پر تین دن گزر گئے اب تو میرے لئے مردار بھی حلال ہے اس لئے تمہاری امانت میں ایک روٹی اور بھونے ہوئے گوشت کے اس ٹکڑے کی قیمت لے لی، یہ لو کھاؤ یہ تمہارا مال ہے اور میں اب تمہارا مہمان ہوں ہم نے اس سے پوچھا کہ اصل قصہ کیا ہے؟ اس نے جواب دیا کہ تمہاری ماں نے مجھے آٹھ دینار دے کر بھیجا تھا واللہ اس میں سے ہم نے کوئی خیانت نہیں کی ہے، شیخ کہتے ہیں کہ میں نے اسے تسلی دی، اس کے دل کو اطمینان دلایا اور جو امانت لے کر آیا تھا اس میں سے کچھ اسے بھی دے دیا۔[السیر ۴۴۴،۴۴۵/ ۲۰،ذیل الطبقات ۲۹۸/۱]۔

راہ سلوک میں مشقت

اس طرح اللہ تبارک و تعالی طلب علم کی راہ میں ہر جگہ حضرت شیخ رحمہ کی اللہ مدد کرتا رہا حتی کہ انہوں نے صوفیوں کی بد خلقی اور بد تمیزی کو بھی علم سلوک و طریقت حاصل کرنے کی راہ میں برداشت کیا۔ چنانچہ وہ خود بیان کرتے ہیں کہ میں طلب علم میں مشغول رہ کر شیخ حماد الدباس کے پاس حاضر نہ ہو پاتا تھا اور جب بعد میں آتا تو وہ مجھ سے کہتے، تو یہاں کیا کرنے آیا ہے تو فقیہ اور فقہ کا طالب ہے انہیں فقیہوں کے پاس جا، میں ان کی یہ تمام باتیں سنتا اور خاموش رہتا۔ ایک بار سخت سردی کے موسم میں جمعہ کے دن میں کچھ لوگوں کے ساتھ ان کے پاس آیا انہوں نے مجھے دھکا دیا جس سے میں پانی کے ایک حوض میں گر پڑا ہم نے صبر سے کام لیا اور کہا کہ بسم اللہ چلو یہ جمعہ کا غسل ہو گیا۔ اس وقت میرے اوپر ایک اونی جبہ تھا، میری آستین میں کچھ اوراق تھے اس لئے ہم نے

آستین کو بلند کر لیا تاکہ وہ اوراق بھیگنے نہ پائیں۔ وہ لوگ مجھے چھوڑ کر چلے گئے۔ میں نے جبے کو نچوڑ کر پہنا اور ان کے پیچھے ہو لیا اس وقت مجھے سخت سردی محسوس ہوئی۔ اس طرح شیخ دباس مجھے مارتے اور اذیتیں پہنچاتے رہے، کبھی جب میں ان کے پاس آتا تو کہتے آج بہت زیادہ روٹی اور فالودہ آیا تھا ہم لوگوں نے کھا لیا اور تمہارے لئے کچھ نہ چھوڑا اس سے ان کا مقصد مجھے زچ کرنا ہوتا حتی کہ ان کے شاگرد میرے بارے میں دلیر ہو گئے، مجھ سے کہتے کہ تم میرے ساتھ کیا کرنے آتے ہو، تم فقیہ ہو جاؤ فقیہوں کے پاس، جب شیخ نے دیکھا کہ ان کے شاگرد مجھے اذیتیں دے رہے اور تنگ کر رہے ہیں تو میرے بارے میں انہیں غیرت آئی اور کہنے لگے: اے کتو! اسے کیوں تنگ کرتے ہو، اللہ کی قسم تم میں کوئی بھی اس جیسا نہیں ہے، میں اسے اس لئے تنگ کرتا ہوں تاکہ آزماؤں، یہ تو عزم وہمت کا ایسا پہاڑ نکلا جو اپنی جگہ سے حرکت نہیں کرتا۔ [السیر ۴۴۶/۲۰]۔

واضح رہے کہ صوفیوں کا یہ طریقہ تعامل اور بدکلامی نبی کریم صلی اللہ علیہ وسلم کے اسوہ کے یکسر خلاف ہے، آپ صلی اللہ علیہ وسلم طلب علم کے لئے آنے والوں سے بہت ہی نرمی سے پیش آتے اور صحابہ کرام کو وصیت فرماتے کہ طالب علموں کے ساتھ حسن خلقی سے پیش آنا چنانچہ حضرت ابو سعید خدری رضی اللہ عنہ جب کسی طالب علم کو دیکھتے تو فرماتے: "مرحبا بوصیۃ رسول اللہ صلی اللہ علیہ وسلم کان یوصینا بکم" الحدیث۔ اے اللہ کے رسول کی وصیت تمہیں خوش آمدید ہو، اللہ کے رسول صلی اللہ علیہ وسلم تم لوگوں کے بارے میں ہمیں خصوصی وصیت کی ہے۔

بعض روایتوں میں ہے کہ آپ صلی اللہ علیہ وسلم نے ارشاد فرمایا:

"سیاتیکم اناس یفقھون فقھوھم واحسنوا الیھم"

کچھ لوگ تمہارے پاس دین سیکھنے کے لئے آئیں گے تو تم لوگ انہیں دین سکھانا اور

انکو اچھی تعلیم دینا۔ [سنن ابن ماجہ: ۲۴۷،۲۵۰ المقدمہ، مستدرک حاکم: ۱/ ۸۸، مسند عبد اللہ بن وھب وغیرہ۔ دیکھئے الصحیحہ ۲۸۰]۔

خود آپ صلی اللہ علیہ وسلم کے بارے میں حضرت عائشہ رضی اللہ عنہ کا بیان ہے کہ

لَمْ يَكُنْ فَاحِشًا وَلَا مُتَفَحِّشًا وَلَا صَخَّابًا فِي الْأَسْوَاقِ وَلَا يَجْزِي بِالسَّيِّئَةِ السَّيِّئَةَ وَلَكِنْ يَعْفُو وَيَصْفَحُ۔
[سنن الترمذی ۲۰۱۷، مسند احمد ۶/ ۱۷۴، دیکھئے مختصر الشمائل ۱۸۲]

اللہ کے رسول صلی اللہ علیہ وسلم نہ فحش گو تھے نہ فحش گوئی آپ کا شیوہ تھا اور نہ ہی بازاروں میں شور و شرابا کرنے والے تھے اور برائی کا بدلہ برائی سے نہ دیتے تھے بلکہ معاف اور درگزر کر دیتے تھے۔

خلاصہ یہ کہ صوفی حضرات میں اپنے شاگردوں اور ماننے والوں کے ساتھ اس طرح کا برا سلوک جو عام ہے وہ سنت رسول کے خلاف اور اسلامی آداب کے منافی ہے جس کی سب سے بڑی وجہ ان حضرات کی علم دین سے دوری اور شاید کبر ہے چنانچہ انہیں حماد الدباس کے بارے میں تذکرہ نگاروں نے لکھا ہے کہ وہ کم علم اور ان پڑھ تھے۔ [السیر ۱۹/ ۵۹۴]۔

خلاصہ یہ کہ حضرت شیخ عبد القادر جیلانی رحمہ اللہ کو طلب علم کے لئے بہت سے مصائب اور دشواریوں سے دوچار ہونا پڑا لیکن اللہ تعالی کی خصوصی مدد شامل حال رہی اس لئے ان تمام مصائب کو برداشت کیا اور طلب علم کے مراحل کو بحسن وخوبی طے کر لیا۔ تذکرہ نگار لکھتے ہیں کہ آپ تقریبا تیس سے پینتیس سال تک طلب علم میں لگے رہے۔ واللہ اعلم

تدریس اور تزکیہ نفس کے لئے مسند نشینی

علم ظاہر و باطن کی تکمیل کے بعد آپ کا خیال ہوا کہ آبادی کو چھوڑ کر کہیں جنگل و صحراء میں چلے جائیں اور وہاں رہ کر عبادت و ریاضت میں مشغول رہیں، کیونکہ اس وقت بغداد سخت سیاسی کشمکش کا شکار تھا، سلجوقی سلاطین عباسی سلطنت کو ختم کرنا چاہتے تھے، عام لوگوں کی توجہ مادیت کی طرف بڑھتی جارہی تھی اہل علم کا ایک بڑا طبقہ حاکموں اور امراؤں کے یہاں کاسہ لیسی میں مشغول نظر آرہا تھا۔ عام لوگ علم دین اور اخلاص سے دور امراو حکام کا تقرب حاصل کرنے میں لگے ہوئے تھے، علم دین کے حصول کا مقصد دنیا حاصل کرنا ہو گیا تھا شیخ عبد القادر جیلانی ان تمام حالات سے بہت ہی کبیدہ خاطر تھے اس لئے تعلیم سے فراغت کے بعد ارادہ کیا کہ صحرانوردی اور رہبانیت کی زندگی بسر کریں یقیناً یہ خیال ان کے اندر صوفیوں کے ساتھ میل جول اور شیخ حماد الدباس کی صحبت کی وجہ سے پیدا ہوا تھا۔ چنانچہ ان کے شاگرد عبد اللہ بن ابو الحسن الجبائی رحمہ اللہ بیان کرتے ہیں کہ مجھ سے شیخ عبد القادر جیلانی نے بیان فرمایا کہ میری خواہش تھی کہ میں صحراؤں اور جنگلوں میں نکل جاؤں اور وہیں رہ کر عبادت و ریاضت میں مشغول رہوں نہ مخلوق مجھے دیکھے اور نہ میں لوگوں کو دیکھوں، لیکن اللہ تعالی کو میرے ذریعہ اپنے بندوں کا نفع منظور تھا چنانچہ میرے ہاتھ پر پچاس ہزار سے زائد یہودی اور عیسائی مسلمان ہو چکے ہیں اور عیاروں اور جرائم پیشہ لوگوں میں سے ایک لاکھ سے زائد توبہ کر چکے ہیں یہ اللہ تعالی کی بڑی نعمت ہے۔ [السیر ۴۴۷/۲۰، تاریخ دعوت و عزیمت ۲۰۱/۱]۔

شاید انہیں دنوں کا واقعہ ہے جسے حضرت شیخ خود بیان کرتے ہیں کہ ایک بار ایسا ہوا کہ مجھے جنوں جیسی کیفیت لاحق ہوئی لوگ مجھے ہسپتال پہنچا دیئے وہاں میری ایسی حالت ہو گئی کہ لوگوں نے یہ سمجھا کہ میں مر چکا ہوں چنانچہ میرے لئے کفن لایا گیا مجھے نہلانے

کے لئے ابھی تختہ پر رکھا ہی تھا کہ میری وہ کیفیت زائل ہو گئی پھر میرے دل میں خیال آیا کہ بغداد اس قدر پر فتن ہو چکا ہے لہذا یہاں سے مجھے نکل جانا چاہئے چنانچہ باب حلبہ کی طرف سے میں بغداد کو خیر باد کہہ رہا تھا کہ ایک غیبی آواز آئی تم کہاں جا رہے ہو؟ اور مجھے ایسا دھکا لگا کہ میں گر پڑا، مجھ سے کہا گیا کہ واپس جاؤ کیونکہ لوگوں کو تمہاری ضرورت ہے میں نے کہا: میں اپنے دین و ایمان کی سلامتی چاہتا ہوں، جواب ملتا ہے کہ یہ تمہیں حاصل ہو گا۔[السیر ۴۴۶،۴۴۵/ ۲۰، ذیل الطبقات ۲۹۹/ ۱]

درج ذیل مشہور واقعہ بھی انہیں دنوں کا محسوس ہوتا ہے حضرت شیخ عبد القادر جیلانی رحمہ اللہ بیان کرتے ہیں کہ بعض وہ ایام جن میں میدانوں میں سیاحت کے لئے نکلنا تھا ایک بار ایسا ہوا کہ کئی دن گزر گئے اور مجھے کھانے پینے کو کوئی چیز نہ مل سکی جب پیاس سخت محسوس ہوئی تو اچانک ایک بدلی نے مجھ پر سایہ کر لیا اور اس میں سے شبنم جیسی کوئی چیز نازل ہوئی جس سے میری پیاس جاتی رہی پھر ایک بڑی عظیم الشان روشنی ظاہر ہوئی جس سے آسمان کے دونوں کنارے روشن ہو گئے پھر اس سے ایک صورت ظاہر ہوئی، اس نے مجھ سے خطاب کر کے کہا: اے عبد القادر میں تمہارا رب ہوں، میں نے تمہارے لئے وہ تمام محرمات حلال کر دیئے ہیں جو لوگوں پر حرام ہیں، میں نے کہا: اعوذ باللہ من الشیطان الرجیم، اے ملعون دور ہو یہ کہتے ہی وہ روشنی ظلمت میں بدل گئی اور وہ صورت دھواں میں تبدیل ہو گئی پھر وہی شخص مجھ سے مخاطب ہو کر کہتا ہے: اے عبد القادر اللہ تعالی نے تمہیں تمہارے علم و سمجھ کی وجہ سے بچا لیا ورنہ اس طرح تو میں اب تک ستر صوفیوں کو گمراہ کر چکا ہوں، تو میں نے کہا کہ یہ اللہ تبارک و تعالی کا فضل اور اسکا احسان ہے، کسی نے عرض کیا کہ حضرت آپ کیسے سمجھے کہ یہ شیطان ہے؟، فرمایا: اس کے کہنے سے کہ "میں نے حرام چیزوں کو تمہارے لئے حلال کر دیا"۔[ذیل الطبقات

۲۹۴/ا، تاریخ دعوت وعزیمت ۲۰۳/ا]۔

خلاصہ یہ کہ اللہ تبارک و تعالی کی تایید غیبی رہی کہ حضرت شیخ رحمہ اللہ نے رہبانیت و صحرانوردی کا خیال ترک کر کے علم کے پیاسوں کو سیراب کرنے اور مردہ دلوں کی مسیحائی کے لئے تیار ہوئے اور اپنے استاد خاص ابو سعد المخرمی رحمہ اللہ بنائے ہوئے مدرسے میں درس و تدریس کے لئے ۵۲۱ھ میں مسند نشین ہوئے۔

آپ کا مسند درس وارشاد پر بیٹھنا تھا کہ لوگوں کا آپ کی طرف ہجوم ہونا شروع ہو گیا علم ظاہر و باطن کے پیاسے آپ کے پاس جوق در جوق حاضر ہونے لگے اللہ تعالی نے لوگوں کے دلوں میں آپ کی ایسی مقبولیت ڈالی کہ سارا بغداد آپ کے مواعظ پر ٹوٹ پڑا اور ایسا ہجوم بڑھا کہ بہت جلد مدرسہ میں جگہ تنگ پڑ گئی اور لوگوں نے مدرسہ کی توسیع کی ضرورت محسوس کی، مشہور امام فقہ حافظ موفق الدین ابن قدامہ بیان کرتے ہیں کہ میں نے کسی شخص کو دین کی وجہ سے آپ سے بڑھ کر وجہ تعظیم نہیں دیکھا۔[السیر ۲/۴۴۲، ذیل الطبقات ۲۹۲/ا]۔

خلاصہ یہ کہ عوام و خواص دونوں نے بڑھ چڑھ کر مدرسہ کی توسیع میں حصہ لیا، جس سے جو کچھ بھی ہو سکتا کم زیادہ لا کر شیخ کی خدمت میں پیش کر دیتا، حتی کہ ایک بار ایک مسکین و فقیر عورت اپنے شوہر کو لے کر آتی ہے اس کا شوہر بھی ایک غریب اور مزدور آدمی تھا وہ عورت شیخ عبد القادر جیلانی رحمہ اللہ سے کہنے لگی کہ یہ میرا شوہر ہے اس پر مہر کا میں ابیس دینار باقی ہے جس میں سے آدھی رقم میں اسے ہبہ کرتی ہوں بشرطیکہ باقی آدھی رقم کے عوض یہ آپ کے مدرسہ میں کام کرے ہم نے اس پر اتفاق کر لیا ہے شوہر نے بھی عورت کے بات کی تصدیق کی، یہ کہہ کر عورت نے دستاویز شیخ عبد القادر کے حوالہ کر دی، چنانچہ شیخ عبد القادر جیلانی رحمہ اللہ نے اسے اپنے مدرسہ میں کام پر لگا دیا

اسے محتاج سمجھتے ہوئے ایک دن کی مزدوری اسے دے دیتے اور ایک دن کی مزدوری نہ دیتے یہاں تک کہ جب شوہر نے پانچ دینار کا کام کر لیا تو شیخ نے باقی پانچ دینار معاف کر دئے اور دستاویز اس کے حوالہ کر دی۔ [ذیل الطبقات ۱/۲۹۱]۔

اس مدرسہ میں شیخ حدیث و فقہ، اصول و عقیدہ اور علم سلوک کا درس دیا کرتے تھے ، کثیر تعداد میں لوگ شریک ہوتے حتی کہ بعض لوگوں نے مبالغہ کے طور پر یہاں تک کہہ دیا ہے کہ آپ کے درس میں ۷۵ ہزار کی تعداد ہوتی تھی البتہ یہ حقیقت ہے کہ آپ کے پاس عالم و جاہل، محدث و فقیہ اور اصولی و نحوی سبھی قسم کے لوگ حاضر ہوتے تھے۔ رحمہ اللہ۔

حضرت شیخ عبد القادر کی زندگی ہی میں آپ کے فتووں اور علم فقہ میں باریک بینی کی شہرت بغداد اور اس کے اطراف اکناف میں پھیل گئی اہل علم آپ کے فتووں کو سنتے اور آپ کی علمی باریک بینی پر تعجب کرتے اور کہتے کہ سبحان اللہ کہ ان کے اوپر اللہ کا یہ فضل ہوا ہے۔ آپ کی فقہی باریک بینی کا ایک واقعہ اس طرح نقل کیا جاتا ہے کہ ایک بار ایک شخص نے یہ قسم کھالی کہ اگر میں کوئی ایسی عبادت نہ کرسکوں جس میں میرے ساتھ کوئی شریک نہ ہو تو میری بیوی کو طلاق ہے اس وقت کے اہل علم حیرت میں پڑ گئے لیکن جب یہ مسائلہ جب شیخ عبد القادر رحمہ اللہ کے سامنے پیش ہوا تو آپ نے فرمایا: اس شخص سے کہا جائے کہ وہ مکہ مکرمہ جائے اس کے لئے مطاف کو خالی کرایا جائے اور سات چکر طواف کر کے اپنی قسم کو پوری کر لے۔ [ذیل الطبقات ۱/۲۹۴، دائرۃ المعارف الاسلامیہ ۶۲۲/۱۱]۔

وفات

اس طرح شیخ عبد القادر رحمہ اللہ تقریبا چالیس سال تک علم کے پیاسوں کو سیر اب کر کے، اپنے ظاہری و باطنی کمالات سے ایک عالم کو مستفید کر کے، بہت سے مردہ دلوں کو زندگی بخش کر کے عالم آخرت کی طرف کوچ کر گئے۔ چنانچہ ربیع الاول ۵۶۱ھ بروز ہفتہ دنیا کو روشن کرنے والا یہ چراغ خود بجھ گیا۔ اس وقت ان کی عمر ۹۰ سال کے قریب تھی، وفات کے وقت اپنے بیٹے عبد الوہاب کو آپ کی آخری وصیت یہ تھی کہ تم ہمیشہ اللہ تعالی سے ڈرتے رہنا اس کے علاوہ کسی اور سے نہ ڈرنا اور نہ اس کے سوا کسی سے امید رکھنا اپنی تمام ضروریات صرف اسی کے حوالے کرنا اسی سے طلب کرنا اس کے علاوہ کسی اور پر اعتماد و بھروسہ نہ رکھنا توحید کو لازم پکڑنا کیونکہ توحید ہر کام کی جامع ہے۔ [الفتح الربانی ۳۷۳، تاریخ دعوت و عزیمت ۲۲۲/۱]۔

زندگی کے آخری لمحات کا منظر ان کے صاحبزادے عبد الجبار بیان کرتے ہیں کہ جب والد کا مرض بڑھ گیا اور تکلیف زیادہ محسوس ہونے لگی تو میں نے پوچھا کہ آپ کے جسم میں کہاں تکلیف ہے ؟ کہنے لگے میرے تمام اعضا مجھے تکلیف دے رہے ہیں مگر میرے دل کو کوئی تکلیف نہیں ہے وہ اللہ تعالی کے ساتھ اس کا تعلق صحیح ہے، پھر جب آخری وقت آگیا تو آپ فرمانے لگے میں اس اللہ سے مدد چاہتا ہوں جس کے سوا کوئی معبود نہیں وہ پاک و برتر ہے، زندہ ہے اور اس پر موت کے طاری ہونے کا اندیشہ نہیں ہے وہ پاک ہے وہ ایسی ذات ہے جس نے اپنی قدرت سے قوت ظاہر کی اور ہمیں موت دے کر بندوں پر اپنا غلبہ دکھایا، اللہ کے سوا کوئی معبود نہیں، محمد صلی اللہ علیہ وسلم اللہ کے رسول ہیں، پھر تین بار اللہ، اللہ، اللہ فرمایا اس کے ساتھ آواز غائب ہوگئی آپ کی زبان تالو سے چپک گئی اور روح جسم سے رخصت ہوگئی۔ رحمہ اللہ و رضی عنہ۔ [تکملہ الفتح

الربانی ۲۷۳، تاریخ دعوت وعزیمت ۲۲۳/۱]۔

آپ کی وفات ہفتہ کے دن شام کو ہوئی اور اسی رات تغسیل و تکفین کے بعد اسی مدرسہ کے ایک گوشے میں نماز جنازہ کے بعد دفن کر دیا گیا۔

آپ کی چار بیویاں تھیں جن سے آپ کی انچاس اولاد ہوئیں، ستائیس لڑکے اور باقی لڑکیاں، ان میں سے بعض لڑکے زیادہ مشہور ہیں جیسے شیخ عبد الوہاب اور شیخ عبد الرزاق رحمہم اللہ اجمعین۔[شذرات الذہب ۲۰۲/۴]۔

شیخ عبد القادر جیلانی کی شخصیت

دنیا کی کسی بھی بڑی ونادر شخصیت کی طرح شیخ عبد القادر جیلانی رحمہ اللہ کی شخصیت بھی متنازع رہی ہے کچھ لوگوں نے آپ کے بارے میں اسقدر غلو سے کام لیا کہ انہیں الوہیت اور ربوبیت کے مقام پر پہنچا دیا۔ ان سے مرادیں مانگنے لگے، ان سے اپنی بگڑی بنوانے لگے اور اللہ تعالی کو چھوڑ کر انہیں کو نفع ونقصان کے لئے پکارنے لگے حتی کہ اس جماعت کے لوگوں نے یہاں تک کہہ دیا کہ:

بادشاہ ہر دو عالم شیخ عبد القادر ہست

{دونوں عالم کے بادشاہ شیخ عبد القادر ہیں}

سرور اولاد آدم شیخ عبد القادر ہست

{اولاد آدم کے سردار شیخ عبد القادر ہیں}

آفتاب وماہ تاب وعرش کرسی وقلم

{سورج اور چاند، عرش کرسی اور قلم}

زیر پائے شیخ عبد القادر ہست

{ شیخ عبدالقادر کے پیر کے نیچے ہے }۔

بدقسمتی سے آج یہ اشعار شیخ عبدالقادر جیلانی رحمہ اللہ کے مزار پر لکھے ہوئے ہیں۔ [الشیخ عبدالقادر جیلانی ص ۴، سعید مسفر]۔

کسی اردو شاعر نے یہاں تک کہہ دیا:

بلاد اللہ ملکی تحت حکمی سے ہے یہ ظاہر
کہ عالم میں ہر ایک شئ پر ہے قبضہ غوث اعظم کا
گئے اک وقت میں ستر مریدوں کے یہاں آقا
سمجھ میں آنہیں سکتا کر شمہ غوث اعظم کا

یہ پورا قصیدہ جو تفسیر احسن البیان کے ضمیمہ پر موجود ہے اسے پڑھیں اور عبرت حاصل کریں، نیز دیکھیں کہ اس شاعر نے اللہ کے لئے کیا چیز باقی چھوڑی ہے، اس قصیدہ کو پڑھ کر آپ محسوس کریں گے کہ یہ ایسا شرک ہے جس کا ارتکاب عرب کے جاہلی مشرکین نے بھی نہیں کیا تھا۔

ایک اور مشرک شاعر کہتا ہے:

ہے باب الشیخ کا دیوان خانہ خلد سے بڑھ کر
رواں بغداد پر اک قطب ربانی کی چادر ہے

اس جماعت نے غلو میں حضرت شیخ کی طرف ایسے اقوال و کرامتیں اور تصرفات منسوب کئے ہیں جو حد بیان سے باہر ہیں، کہیں ملک الموت سے اپنے مرید کی روح چھین لے رہے ہیں تو کہیں اللہ تعالی سے زبردستی ایک ایسے شخص کو سات بیٹے دلوا دے رہے ہیں جس کی تقدیر میں اللہ تعالی نے ایک بیٹا بھی نہیں رکھا تھا حتی کہ کہیں انکے غوث پاک صاحب میدان محشر میں اپنے مریدوں کو اللہ تعالی کی مرضی کے خلاف جہنم سے نکال کر

جنت میں ڈال رہے ہیں وغیرہ وغیرہ۔

شیخ عبد القادر جیلانی سے متعلق ایک اور جماعت ہے جو شیخ کی بزرگی، ولایت اور ان کے فضائل کا اقرار ہی نہیں کرتی بلکہ ان کی وہ باتیں جس میں تاویل کی بھی گنجائش ہے اس میں شیخ کو متہم کرتی ہے، کہا جاتا ہے کہ حافظ ابن الجوزی رحمہ اللہ نے اس جماعت کی تردید میں ایک مستقل کتاب بھی لکھی ہے۔[ذیل الطبقات ۱/۲۹۵]۔

آج کتنے لوگ ہیں جو اپنے کو مسلک سلف کا حامل سمجھتے ہیں حالانکہ وہ حضرات اہل بدعت کی مخالفت میں شیخ کا نام لینا، ان کی کتابیں پڑھنا اور ان کے بارے میں کچھ معلومات حاصل کرنا بھی گوارا نہیں کرتے۔

تیسری جماعت اہل سنت و جماعت یا اہل حدیثوں کی ہے جو شیخ عبد القادر جیلانی کو اپنے اماموں میں سے ایک امام تسلیم کرتی ہے، انہیں امت محمدیہ کا ایک بڑا عالم مانتی ہے، اعمال قلوب اور اصلاح باطن میں انہیں اپنے وقت کا مجدد تسلیم کرتی ہے، ان کی سچی کرامات کا اعتراف کرتی ہے، ان کے بارے میں غلو سے کام نہیں لیتی اور نہ ہی ان کی حق تلفی کرتی ہے بلکہ افراط و تفریط کی درمیانی راہ پر رہ کر شیخ عبد القادر جیلانی کو احترام و تقدیر کی نظر سے دیکھتی ہے البتہ انہیں عام اماموں، عالموں، فقیہوں اور بزرگوں کی طرح ایک انسان لیکن عام انسانوں سے بہت اونچا تسلیم کرنے کے باوجود خطا و نسیان سے بری نہیں سمجھتی۔

مثال کے طور پر امام ذہبی رحمہ اللہ ان کے تعارف میں لکھتے ہیں:

"الشیخ الامام العالم الزاھد العارف القدوۃ شیخ الاسلام علم الاولیاء محی الدین۔۔۔ شیخ بغداد"[السیر ۲۰/۴۳۹]۔

ان تعریفی القاب کے ساتھ ساتھ ان کے تذکرہ کے آخر میں لکھتے ہیں:

خلاصہ یہ کہ شیخ عبد القادر بڑی شان والے ہیں اسی کے ساتھ ساتھ ان کے بعض اقوال و دعوے قابل گرفت ہیں۔ حاضری اللہ کے پاس ہے۔ ان کی طرف منسوب بعض اقوال ان پر الزام تراشی ہے۔ [السیر ۲۰/۴۵۱]۔

امام ذہبی کے ہم عصر ایک اور امام حافظ ابن کثیر رحمہ اللہ لکھتے ہیں:

ان میں کافی زہد تھا۔۔۔ وہ صالح اور متقی تھے، انہوں غنیۃ الطالبین اور فتوح الغیب جیسی کتابیں لکھیں ان میں بہت سی باتیں بڑی عمدہ ہیں البتہ ان میں بہت سی ضعیف اور موضوع حدیثوں کو بھر دیا ہے، خلاصہ یہ کہ وہ مشائخ کے سردار تھے۔ [البدایہ ۱/۲۷۰]۔

قریب قریب اسی زمانہ کے ایک حنبلی امام حافظ ابن رجب رحمہ اللہ لکھتے ہیں:

الزاھد شیخ العصر وقدوۃ العارفین سلطان المشائخ وسید اھل الطریقۃ فی وقتہ محی الدین ابو محمد صاحب المقامات والکرامات والعلوم والمعارف والاصول المشہورۃ۔ [ذیل طبقات الحنابلہ ۱/۲۹۰]۔

ان تعریفی القاب کے بعد ان کے تذکرہ میں ان کی طرف منسوب ایک قول کی تردید و تاویل کرتے ہوئے لکھتے ہیں: اس قسم کے اقوال کے بارے میں سب سے اچھی بات وہ ہے جو ابو حفص السہروردی نے اپنی کتاب عوارف المعارف میں کہی ہے کہ شیوخ کی یہ وہ لفاظیاں ہیں جن میں ان کی اقتداء نہ کی جائے گی اور نہ ہی ان سے ان کے مقامات و درجات میں فرق پڑتا ہے کیونکہ کوئی بھی ہو ہر ایک کی بات مانی بھی جائے گی اور رد بھی کر دی جائے گی سوائے معصوم صلی اللہ علیہ وسلم کے {ہر بات مانی جائے گی کوئی بات رد نہ کی جائے گی}۔ [ذیل طبقات ۱/۲۹۵]۔

حاصل یہ کہ اگر اس قسم کے اقوال نقل کئے جائیں تو ان کے لئے مکمل دفتر کی

ضرورت ہے مقصد صرف یہ ہے کہ اہل سنت وجماعت نے نہ شیخ کو ان کے حق سے اوپر اٹھا کر ان کے بارے میں غلو سے کام لیا نہ انہیں معصوم عن الخطا سمجھا، نہ انہیں قادر مطلق اور مختار کل تسلیم کر کے شرک کے مرتکب ہوئے اور نہ ہی ان کی حق تلفی کی کہ انہیں امام وقت، ولی اللہ اور صاحب کرامت بزرگ وغیرہ ماننے سے انکار کر دیا۔

شیخ عبد القادر کی تعلیمات

شیخ عبد القادر جیلانی رحمہ اللہ مسلکی طور پر اصولا وفروعا حنبلی تھے اور حنبلی بھی ایسے جو دعا کرتے تھے کہ اللہ تعالی ان کا خاتمہ امام احمد بن حنبل رحمہ اللہ کے مذہب پر کرے۔

چنانچہ انہیں کے مذہب پر فقہ کی تعلیم دیتے تھے، جیسا کہ مشہور حنبلی امام موفق الدین ابن قدامہ رحمہ اللہ لکھتے ہیں کہ ہم شیخ عبد القادر کی خدمت میں ان کی زندگی کے آخری ایام میں پہنچے شیخ نے ہمیں اپنے مدرسے میں ٹھہرایا وہ ہمارا خاص خیال رکھتے تھے کبھی تو وہ اپنے بیٹے یحی کو بھیجتے کہ ہمارے لئے چراغ جلائے، کبھی وہ خود اپنے گھر سے ہمارے لئے کھانا بھیجتے، فرض نمازوں میں وہی ہماری امامت کرتے، صبح کے وقت میں انکے سامنے زبانی مختصر خرقی {فقہ حنبلی کی مشہور کتاب} پڑھتا {جسکی وہ شرح کرتے} اور شام کو حافظ عبد الغنی ہدایہ نامی کتاب {فقہ حنبلی کی مشہور کتاب ہدایہ مولفہ ابو الخطاب} پڑھتے۔[السیر ۲۰/ ۴۴۲، شذرات الذہب ۴/ ۱۹۹]۔

عرض کرنے کا مقصد یہ ہے کہ شیخ اصولاً وفروعاً کٹر حنبلی تھے حتی کہ عقائد کے بارے میں مذہب حنبلی کے اس قدر پابند اور اس کے لئے اتنے زیادہ متعصب تھے کہ ایک بار یہاں تک کہہ گئے جو شخص امام احمد کے عقیدے کا حامل نہ ہو اور اس کی اتباع نہ

کرے وہ اللہ کا ولی ہو ہی نہیں سکتا۔ [ذیل الطبقات ۱/۲۹۸، شذرات الذہب ۴/۱۰۰]۔

اس سے یہ ظاہر کرنا مقصود ہے کہ آج جو لوگ شیخ عبد القادر جیلانی رحمہ اللہ کو غوث و قطب مانتے ہیں ان کو قادر مطلق اور مختار کل تسلیم کرتے ہیں وہ حضرات سعودی عرب کے علماء کو جو اصولاً و فروعاً حنبلی ہیں انہیں بے دین، وہابی اور برے برے القاب سے کیوں نوازتے ہیں۔ ذرا سوچیں کہ انکا طریقہ ان کے اپنے غوث کے طریقہ سے کس قدر مختلف ہے۔ ہم یہاں شیخ کی تعلیمات پر بڑے اختصار کے ساتھ روشنی ڈالتے ہیں۔

توحید

بندے کے ہر عمل کی روح توحید ہے۔ یعنی اللہ تعالی کو اس کی ذات وصفات اور اس کے اعمال و حقوق میں تنہا مانا جائے، شیخ عبد القادر جیلانی رحمہ اللہ توحید کے بڑے داعی اور لوگوں کو توحید پر جمے رہنے اور اسے اختیار کرنے کی دعوت دیتے تھے، چنانچہ غنیۃ الطالبین میں اللہ تعالی کی معرفت کے بیان میں لکھتے ہیں:

اللہ تعالی کو پہچاننے کے بارے میں خلاصہ بات یہ ہے کہ اللہ تعالی کی وحدانیت کا یقین رکھے، نیز یہ بھی یقین رکھے کہ وہ تنہا اور بے نیاز ہے، نہ اس نے کسی کو جنا اور نہ خود کسی سے جنا گیا، نہ کوئی اس کا شریک ہے اور نہ اس کی مثل، وہ سنتا ہے، دیکھتا ہے اپنی صفات و ذات میں یکتا ہے، کوئی اس کا مددگار نہیں، شریک اور وزیر نہیں، کوئی اسے طاقت نہیں پہنچا سکتا، کوئی اس کا ہمتا اور مشیر نہیں، الخ۔ [غنیۃ الطالبین ص ۱۵۰ اردو]۔

اپنے ایک اور درس میں لوگوں کو مخاطب کرکے فرماتے ہیں:

اے لوگو! کسی بھی مخلوق کے ہاتھ میں کچھ بھی نہیں، سب کے سب عاجز ہیں، مالک

ہوں یا مملوک، سلطان ہوں، یا مالدار و فقیر سب کے سب تقدیر الہی کے اسیر ہیں ان کے دل اللہ کے ہاتھ میں ہیں انہیں جس طرح چاہتا ہے الٹ پھیر کرتا ہے اس کی طرح کوئی بھی نہیں ہے وہ سننے والا اور دیکھنے والا ہے۔[الفتح الربانی ص۸۸]۔

کہاں شیخ کا یہ فرمان اور کہاں ان کی دہائی دینے والوں کا یہ دعوی کہ تمام لوگوں کے دل شیخ عبد القادر جیلانی کے ہاتھ میں ہیں۔

اسی کتاب کی مجلس نمبر ۴۷ ص ۱۹۱، ۱۹۲ پر ہے کہ:

اے لوگو! شریعت کی اتباع کرو، بدعتیں ایجاد نہ کرو، شریعت کے پابند رہو اس کی مخالفت نہ کرو، {اللہ اور اس کے رسول کی} پیروی کرو اور نافرمان نہ بنو، اپنے اندر اخلاص پیدا کرو {ریا و نمود کر کے} شرک نہ کرو، حق تعالی کی توحید بیان کرو اس کے دروازے سے دور نہ ہو، اسی سے مانگو اس کے علاوہ کسی اور کے سامنے ہاتھ نہ پھیلاؤ، اسی سے مدد طلب کرو، اس کے علاوہ کسی اور سے مدد نہ مانگو، اسی پر توکل و بھروسہ کرو اور اس کے علاوہ کسی اور پر توکل نہ کرو۔

اس قسم کے درزنوں توحیدی کلمات حضرت شیخ کی کتابوں میں موجود ہیں بلکہ محسوس ہوتا ہے کہ وہ اپنے تمام دروس میں قلبی عبادات میں توحید و توحید خالص پر خصوصی توجہ دیا کرتے تھے۔ چنانچہ اپنی وفات کے وقت اپنے بیٹے کو توحید پر جمے رہنے کی وصیت کرتے ہوئے فرمایا: تقوی اور طاعت الہی کو لازم پکڑو کسی سے نہ ڈرو اور کسی سے امید نہ رکھو، تمام ضروریات کو اللہ کے حوالے کرو اسی سے ضروریات طلب کرو، اس کے علاوہ کسی پر بھروسہ نہ کرو، صرف اللہ تعالی پر اعتماد رکھو، توحید کو لازم پکڑو، توحید کو لازم پکڑو، توحید کو لازم پکڑو، اس لئے کہ ہر چیز کی جامع توحید ہے۔[الفتح الربانی ص ۳۷۳]۔

اسی کتاب میں اپنے ایک شاگرد کو کامیابی کا ایک نسخہ بتلاتے ہوئے کہتے ہیں:

اگر تو فلاح و کامیابی چاہتا ہے تو اپنے دل سے مخلوق کو نکال باہر کر، نہ ان سے ڈر، نہ ان سے کوئی امید رکھ، نہ ان سے انسیت رکھ اور نہ ہی ان سے مطمئن ہو، بلکہ ہر ایک سے بھاگ، ان سے اس طرح نفرت کر کہ گویا وہ مردار ہیں، اگر یہ کیفیت تیری درست ہو جائے گی تو اللہ کے ذکر سے تجھے اطمینان حاصل ہو گا اور غیر اللہ کا ذکر تجھے مکروہ و ناپسند محسوس ہو گا۔ [مجلس ۱۴۱/۳۱]۔

ناظرین غور کریں اس توحید خالص پر، یہ کلمات مکمل طور پر اس بات کا پتہ دے رہے ہیں کہ یہ کسی موحد ولی کامل کے دل کی آواز ہے۔

دوسری طرف ان حضرات کے طریقے پر ماتم کیجئے جنہوں نے شیخ کی ان تمام تعلیمات کو لے جاکر انہیں کے ساتھ ان کی قبر میں پر دے مارا اور خود انہیں کو معبود بنا لیا۔ الامان والحفیظ۔

اس سے بڑھ کر شیخ مرحوم کی تعلیمات کی مخالفت اور کیا ہو گی، ان حضرات کی ان بیہودہ حرکات کو دیکھ کر یقیناً شیخ کی روح کہہ رہی ہو گی کہ

یارب نہ وہ سمجھے ہیں نہ سمجھیں گے میری بات

دے اور بھی دل انکو جو نہ دے مجھ کو زباں اور

غالب

اتباع سنت

شیخ عبد القادر نے اپنی کتابوں میں اور اپنی مجالس میں اپنے شاگردوں کو کتاب و سنت پر عمل کرنے کی دعوت دیتے تھے۔ شیخ کے نزدیک کوئی بھی شخص جب تک کتاب و

سنت کے ظاہر کا پیروکار نہ بن جائے وہ کامیاب نہیں ہو سکتا، اس سلسلے میں چند اقتباسات ملاحظہ ہوں۔

ہر وہ شخص جو اللہ کے رسول صلی اللہ علیہ وسلم کی اتباع نہیں کرتا [اس طرح کہ] آپ کی شریعت کو ایک ہاتھ سے پکڑے اور آپ پر نازل شدہ کتاب کو دوسرے ہاتھ میں لے تو وہ اللہ تعالی تک نہیں پہنچ سکتا بلکہ وہ ہلاک ہو گا ہلاک ہو گا، گمراہ ہو گا گمرہ ہو گا۔ یہ دونوں [کتاب و سنت] اللہ تک پہنچنے کے لئے راہنما ہیں، قرآن اللہ تک پہنچنے کے لئے تمہارا رہنما ہے اور سنت رسول اللہ تک پہنچنے میں تیرا رہنما۔ [الفتح الربانی ص ۱۱۷، ۲۵ویں مجلس]۔

الفتح الربانی کی انتیسویں مجلس ص ۱۲۸ پر اپنے ایک شاگرد کو وصیت کرتے ہیں:

علیک بموافقۃ الشرع فی جمیع احوالک۔ ہر حال میں شریعت کی موافقت کو لازم پکڑو۔

اسی کتاب کی انتالیسویں مجلس ص ۱۶۰ پر جہل اور جہل کے ساتھ عبادت کرتے اور گوشہ نشینی اختیار کرنے کی تردید کرتے ہوئے کہتے ہیں کہ:

جب تک تو کتاب وسنت کی اتباع نہ کرے گا کامیاب ہو ہی نہیں سکتا۔

پھر اس کے فورا بعد یہ وضاحت کرتے ہوئے کہ کتاب و سنت کا علم کس طرح حاصل ہو فرماتے ہیں:

بعض اہل علم نے کہا کہ جس کا کوئی استاد نہ ہو اس کا استاد ابلیس بن جاتا ہے اس لئے کتاب و سنت کا علم رکھنے والے اور عمل کرنے والے علماء ومشائخ کی پیروی کرو، ان کے بارے میں حسن ظن رکھو، ان سے سیکھو، ان سے اچھے ادب کے ساتھ پیش آؤ، اس طرح تم کامیاب ہو جاؤ گے اگر تم نے کتاب وسنت کی اتباع نہ کی اور نہ کتاب و سنت کا علم رکھنے والے اہل علم کا ساتھ کیا تو تم کبھی بھی کامیاب نہیں ہو سکتے۔

اس قسم کے اقوال اگر نقل کئے جائیں تو بات طویل ہو جائے گی یہاں صرف اشارہ کرنا مقصود ہے کہ شیخ رحمہ اللہ ہر حال میں اتباع کتاب وسنت کی دعوت دیتے تھے اور ان صوفی حضرات پر سخت نکیر کرتے تھے جو اپنے اقوال وافعال میں سنت کی پیروی سے دور تھے۔ چنانچہ اپنی ایک تقریر میں فرماتے ہیں کہ:

اپنے نبی صلی اللہ علیہ وسلم کے ساتھ اپنی نسبت کو درست کرو، جو اللہ کے رسول کی اتباع میں درست رہو گا آپ صلی اللہ علیہ وسلم کے ساتھ اس کی نسبت بھی درست ہو گی البتہ بغیر اتباع کے تمہارا یہ کہنا کہ میں رسول اللہ کا امتی ہوں تمہارے لئے یہ کسی بھی طرح مفید نہیں ہو سکتا، جب تم اللہ کے رسول کی اتباع ان کے اقوال وافعال میں کرو گے تو آخرت میں ان کا ساتھ نصیب ہو گا، کیا تم لوگوں نے یہ فرمان الٰہی نہیں سنا:

[وَمَا آتَاكُمُ الرَّسُولُ فَخُذُوهُ وَمَا نَهَاكُمْ عَنْهُ فَانْتَهُوا وَاتَّقُوا اللَّهَ إِنَّ اللَّهَ شَدِيدُ الْعِقَابِ] {الحشر:۷}

سو جو چیز تم کو پیغمبر دیں وہ لے لو۔ اور جس سے منع کریں (اس سے) باز رہو۔ اور خدا سے ڈرتے رہو۔ بیشک خدا سخت عذاب دینے والا ہے

"اور تمہیں جو کچھ رسول دے لے لو اور جس سے روکے رک جاؤ اور اللہ تعالی سے ڈرتے رہا کرو یقیناً اللہ تعالی سخت عذاب والا ہے"۔

اس لئے وہ جس چیز کا حکم دیں اسے بجالاؤ جس چیز سے روک دیں اس سے رک جاؤ اس طرح تم دنیا میں تو اللہ کے قریب اپنے دل سے رہو گے اور آخرت میں اپنے وجود و جسم سے اللہ کے نزدیک ہو گے۔ اے زاہدو تم لوگ زہد اختیار کرنا نہیں جانتے تم ذات و خواہش کے بارے میں تو زہد اختیار کرتے ہو البتہ اپنی رائے میں آزاد ہو گئے ہو، [اللہ کے رسول کی] اتباع کرو اور ایسے علماء ومشایخ کی صحبت اختیار کرو جنہیں معرفت الٰہی حاصل

ہو اور وہ اپنے علم کے مطابق عامل بھی ہوں۔[الفتح الربانی ص ۱۱۶ مجلس ۲۵]۔

شرک سے متنفر کرنا

حضرت شیخ نے جہاں توحید خالص خصوصاً عبادات قلبیہ پر توحید کو لازم پکڑنے پر زور دیا ہے وہیں شرک سے لوگوں کو سختی سے متنبہ کیا ہے بلکہ اپنے عام درسوں میں شرک اصغر سے اس سختی اور خوف ناک انداز میں متنبہ فرماتے تھے گویا کہ وہ شرک اکبر ہے۔ ذرا آپ حضرات حضرت شیخ کی عبارات پر غور کریں۔

اے لڑکے تو کچھ بھی نہیں، تیرا اسلام ابھی تک صحیح نہیں ہے، یاد رہے کہ اسلام ہی وہ اصل ہے جس پر کلمہ لا الہ الا اللہ کی بنیاد ہے، تو لا الہ الا اللہ کا اقرار تو کرتا ہے لیکن اس اقرار میں جھوٹا ہے کیونکہ تیرے دل میں باطل معبودوں کی ایک جماعت بیٹھی ہوئی ہے اپنے بادشاہ سے تیرا ڈرنا اور اپنے محلہ کے چودھری سے تیرا ڈرنا انہیں معبود بنالینا ہے۔ اپنی کمائی پر، اپنی ذات پر اپنی طاقت و قوت پر، اپنی قوت سمع و بصر پر اور اپنی پکڑ پر تیرا اعتماد انہیں معبود بنالینا ہے۔ مخلوق کے نفع و ضرر اور عطاء و منع پر تیرا نظر رکھنا انہیں معبود بنالینا ہے الخ[الفتح الربانی ص ۴۷ مجلس ۱۵]۔

اس چیز کو ۲۰ ویں مجلس میں اس طرح بیان کرتے ہیں:

آج تو اعتماد کر رہا ہے اپنے نفس پر، مخلوق پر، اپنے دیناروں پر، درہموں پر، اپنی خرید و فروخت پر، اپنے شہر کے حاکم پر، ہر چیز کہ جس پر تو اعتماد کرے وہ تیرا معبود ہے اور ہر وہ شخص جس سے تو خوف کرے، یا توقع رکھے وہ تیرا معبود ہے اور ہر وہ شخص جس پر نفع و نقصان سے متعلق تیری نظر پڑے اور تو یوں سمجھے کہ اللہ تعالی اس کے ہاتھوں اس کا جاری کرنے والا ہے تو وہ تیرا معبود ہے۔ ص ۹۱۔

خود آگے چل کر ۲۶ ویں مجلس میں فرماتے ہیں:

اے وہ شخص جو اپنے مصائب کا شکوی مخلوق سے کرتا ہے، مخلوق سے تیرا شکوی تیرے کس کام آئے گا یہ لوگ نہ تجھے فائدہ پہنچا سکتے ہیں اور نہ نقصان، جب تو ان پر اعتماد کریگا تو گویا تو نے اللہ تعالی کے ساتھ شرک کیا۔ وہ اللہ تعالی کے دروازے سے دور لے جا کر اس کے غضب و ناراضگی کے گڑھے میں ڈھکیل دیں گے اے جاہل تو علم کا دعوی کرتا ہے حالانکہ دنیا کو اللہ کے علاوہ کسی اور سے طلب کرنا تیرے جاہل ہونے کی دلیل ہے۔ [صفحہ ۱۱۷]۔

شیخ کی کتاب الفتح الربانی اس قسم کے بیان سے پر ہے کاش کہ شیخ کی دہائی دینے والے انہیں غوث و قطب کہنے والے اور انہیں قادر مطلق ماننے والے اس کتاب کو سمجھ کر پڑھتے تو انہیں احساس ہو جاتا کہ وہ کسقدر گمراہی میں مبتلا ہیں۔

شیخ عبد القادر جیلانی رحمہ اللہ کا عقیدہ

یہ بات اس سے قبل گزر چکی ہے کہ شیخ عبد القادر جیلانی رحمہ اللہ عقیدہ و فقہ دونوں لحاظ سے حنبلی تھے، امام احمد بن حنبل رحمہ اللہ کا عقیدہ اشعری و ماتریدی عقیدے سے بہت سی چیزوں میں مختلف ہے آج جو لوگ حضرت شیخ کو غوث و قطب جیسے القاب سے یاد کرتے ہیں[ا] وہ حضرت شیخ رحمہ اللہ کے عقیدے کے مخالف ہیں۔ یہاں یہ بحث تفصیل سے نہیں رکھی جا سکتی ہم صرف چند اشارات سے کام لیتے ہیں۔ حضرت شیخ کے عقیدے کے بارے میں جسے تفصیل درکار ہو وہ شیخ کی کتاب غنیۃ الطالبین اور الفتح الربانی وغیرہ کا مطالعہ کرے۔ شیخ نے بڑی وضاحت کے ساتھ اپنے عقیدے سے متعلق شاگردوں کو وصیت کرتے ہوئے فرمایا: 'علیکم بالاتباع من غیر الابتداع، علیکم بمذھب

السلف الصالح، امشوا فی الجادۃ المستقیمۃ، لا تشبیہ ولا تعطیل بل اتباعالسنۃ رسول اللہ صلی اللہ علیہ وسلم من غیر تکلف ولا تطبع ولا تشدد ولا تمشدق ولا تمعقل یکلم ما وسع من کان قبلکم'۔ الفتح الربانی صفحہ ۴۷،۴۸، دسویں مجلس۔

ایک طالب علم کے لئے شیخ سعید بن مسفر القحطانی کی کتاب الشیخ عبد القادر جیلانی و آراءہ الاعتقادیۃ والصوفیۃ بڑی مفید کتاب ہے۔

خلاصہ یہ کہ شیخ رحمہ اللہ امام اہل السنہ امام احمد بن حنبل کے عقیدے پر تھے اور امام احمد رحمہ اللہ کا عقیدہ سلف کے عقیدہ کے عین مطابق تھا۔ ہمارے ہند و پاک کے لوگ کئی جگہوں میں شیخ عبد القادر جیلانی رحمہ اللہ کے اس عقیدہ کی مخالفت کرتے ہیں۔ چند مثالیں ملاحظہ ہوں:

ا- استوی علی العرش

سلف کی اقتداء میں شیخ عبد القادر جیلانی رحمہ اللہ کا عقیدہ ہے کہ اللہ تعالی عرش پر مستوی اور قرار پکڑے ہوئے ہے۔ اس کی ذات عرش پر ہے البتہ وہ اپنے علم کے ذریعہ پوری دنیا میں موجود ہے، جبکہ ہمارے یہاں کے اہل علم عام طور پر یہ کہتے ہیں کہ اللہ تعالی ہر جگہ موجود ہے۔

شیخ عبد القادر جیلانی رحمہ اللہ اپنی کتاب الغنیۃ میں لکھتے ہیں:

چاہئے کہ اللہ کے لئے استواء یعنی عرش پر قرار پکڑنے، جلوہ افروز ہونے کی صفت کو بغیر تاویل کے مانا جائے اس طرح کہ وہ اپنی ذات کے لحاظ سے عرش پر مستوی ہے اس کا معنی ہماری طرح بیٹھنا اور اس سے چمٹے رہنا نہیں ہے جیسا کہ مجسمہ اور کرامیہ لیتے ہیں اور نہ ہی اس کا معنی علو و رفعت ہے جیسا کہ اشعریہ کہتے ہیں اور نہ ہی اس کا معنی تسلط و غلبہ

کے ہے جیسا کہ معتزلہ کہتے ہیں کیونکہ نہ تو شریعت میں ایسی کوئی بات موجود ہے اور نہ ہی صحابہ اور اہل حدیث اور سلف تابعین سے کچھ مروی ہے بلکہ ان سے یہی منقول ہے کہ اس اپنے اطلاق ہی پر باقی رکھا جائے۔[الغنیہ ۵۶/۱]۔

شیخ رحمہ اللہ یہ واضح کرنا چاہتے ہیں کہ قرآن و حدیث میں یہ تو آیا ہے کہ اللہ تعالی عرش پر مستوی ہے لیکن وہ کس طرح مستوی ہے نہ تو یہ قرآن و حدیث میں ہے اور نہ ہی صحابہ و تابعین کے یہاں کچھ ملتا ہے۔ اس لئے ہم یہی کہیں گے کہ وہ عرش پر مستوی ہے وہ اپنی ذات کے لحاظ سے عرش پر ہے البتہ اس کی کیفیت کیا ہے اس بارے میں ہم خاموشی اختیار کرتے ہیں۔

الفتح الربانی میں کہتے ہیں کہ:

ہمارا رب عرش پر مستوی ہے اور تمام ملک کو اپنے قبضہ میں کئے ہوئے ہے اس کا علم تمام اشیاء کو گھیرے میں لئے ہے اس معنی میں قرآن مجید کی سات آیتیں دلالت کرتی ہیں تیری جہالت اور گھمنڈ سے میرا اسے مٹا دینا ممکن نہیں ہے۔[الفتح الربانی صفحہ ۱۴۵، مجلس ۳۵]۔

ان اقتباسات اور اس قسم کے درزنوں اقتباسات سے پتہ چلتا ہے کہ حضرت شیخ کے نزدیک اللہ تبارک و تعالی اپنی ذات کے لحاظ سے تو عرش پر قرار پذیر ہے لیکن اپنے علم کے ذریعہ ہر چیز کو محیط ہے وہ ہے تو عرش پر لیکن سمندر کی تہہ میں جو مچھلی ہے اس کا علم اسے اچھی طرح ہے۔ ایک طرف شیخ کے اس عقیدہ کو دیکھیں اور دوسری طرف ان کو 'غوث پاک' کہنے والوں کا عقیدہ دیکھیں کہ اللہ تعالی کو ہر جگہ موجود ہے، کیا دونوں میں کوئی مناسبت ہے؟

۲- اللہ تعالی کی صفات

اہل سنت و جماعت کا عقیدہ رہا ہے کہ اللہ تبارک و تعالی کی عظیم صفتیں ہیں اور اس کی تمام صفتیں اعلی و عمدہ ہیں جیسے ہاتھ، چہرہ، قدم، ہنسنا، غصہ ہونا، سننا، دیکھنا، اترنا وغیرہ۔ یعنی اللہ تبارک و تعالی کا ہاتھ ہے جیسا کہ وہ قرآن مجید میں فرماتا ہے: ید اللہ فوق اید یھم۔ اس کا چہرہ بھی ہے، جیسے فرمایا: فاینما تولوا فثم وجہ اللہ، لیکن اس ہاتھ اور چہرے کی کیفیت کیا ہے اسے اللہ تعالی کے علاوہ کوئی اور نہیں جانتا۔ ہم یہ تو مانتے ہیں کہ اللہ تعالی کے ہاتھ ہیں اور حقیقی ہاتھ ہیں ہم یہ نہیں کہتے کہ ہاتھ سے مراد قدرت ہے اور نہ یہ کہتے ہیں کہ اس کا ہاتھ کسی مخلوق کے ہاتھ کے مشابہ ہے کیونکہ اس نے ہمیں یہ تو بتلایا ہے کہ اس کے ہاتھ ہیں، چہرہ ہے۔ لیکن یہ نہیں بتایا کہ اس کا ہاتھ کیسا ہے لہذا اس کے ہاتھ کی کیفیت و مثال کے بارے میں ہم خاموشی اختیار کرتے ہیں، اسی پر دوسری تمام صفات کو قیاس کرنا چاہئے۔ اس کا ارشاد ہے: لیس کمثلہ شیءوھو السمیع العلیم۔ اسکے مثل کوئی چیز نہیں ہے اور وہ سننے والا اور جاننے والا ہے۔

شیخ عبد القادر رحمہ اللہ کا یہی عقیدہ رہا ہے چنانچہ وہ فرماتے ہیں:

نفی کرو، پھر ثابت کرو اس طرح کہ ہر وہ صفت جو اللہ کے لائق نہ ہو اس کا انکار کرو اور جو صفات اللہ کے لائق ہوں انہیں ثابت مانو اور یہ وہی صفات ہیں جنہیں اللہ نے اپنے لئے پسند کیا ہے اور اس کے رسول نے اس کے لئے پسند کیا ہے۔ الخ۔

[الفتح الربانی صفحہ ۸۰]۔

غنیۃ الطالبین میں لکھتے ہیں کہ [اللہ تعالی کی اسمائ و صفات میں} ہم کتاب اللہ اور سنت رسول سے تجاوز نہیں کرتے ہم آیت و حدیث پڑھتے ہیں اور جو کچھ {صفات} اسمیں بیان ہوئی ہیں ان پر ایمان لاتے ہیں اور اس کی کیفیت کو اللہ کے حوالے کر دیتے

ہیں۔[الغنیۃ ۵۷/۱]

الفتح الربانی میں ایک جگہ بڑے جذبات میں آکر کہتے ہیں: تمہیں شرم نہیں آتی کہ اللہ تعالی نے اپنے آپ کو جن صفات سے موصوف کرتا ہے اور اپنے لئے پسند بھی فرماتا ہے اور تم تاویل کر کے اس کا رد کر دیتے ہو، کیا تمہارے لئے وہی طریقہ کافی نہیں ہے جو طریقہ صحابہ و تابعین کا تھا، ہمارا رب عرش پر ہے جیسا کہ اس نے کہا ہے، ہم بغیر کسی تاویل و تحریف اور تشبیہ کے {اسے قبول کرتے ہیں}۔[الفتح الربانی صفحہ ۹۹، مجلس ۲۱]۔

شاید یہی وجہ ہے کہ آپ دیکھیں گے کہ شیخ نے الفتح الربانی میں بار بار درج ذیل آیت ذکر کی ہے خاص کر جہاں کہیں اللہ کی صفات کا ذکر آیا ہے:[لَيْسَ كَمِثْلِهِ شَيْءٌ وَهُوَ السَّمِيعُ الْبَصِيرُ]{الشُّوری:۱۱} دیکھئے علی سبیل المثال صفحہ ۳۰، ۶۴، ۸۰، ۸۸

ایمان

اہل سنت و جماعت کے نزدیک ایمان دل کے اعتقاد زبان سے اقرار اور اعضاء سے عمل کا نام ہے طاعت کے کام سے ایمان میں زیادتی ہوتی ہے اور گناہوں کے ارتکاب سے ایمان میں نقص واقع ہوتا ہے، شیخ جیلانی رحمہ اللہ کا یہی عقیدہ تھا۔ چنانچہ وہ اپنی مشہور کتاب غنیۃ الطالبین میں لکھتے ہیں:

ونعتقد ان الایمان قول باللسان و معرفۃ بالجنان و عمل بالارکان۔ ۶۳/۱

ہمارا عقیدہ ہے کہ ایمان زبان کے اقرار دل کی معرفت اور اعضاء سے عمل کا نام ہے۔

اور اس کے فورا بعد لکھتے ہیں کہ: یزید بالطاعۃ و ینقص بالعصیان

ایمان طاعت کے عمل سے بڑھتا ہے اور نافرمانی کے عمل سے گھٹتا ہے۔

شیخ کا اہل سنت و جماعت کی موافقت میں حضرت شیخ رحمہ اللہ کا یہ بھی کہنا ہے کہ

"کسی کے لئے ایسا کہنا جائز نہیں ہے کہ میں یقینی مومن ہوں بلکہ واجب ہے کہ یہ کہے میں ان شاء اللہ مومن ہوں۔ [الغنیہ ۶۳ / ۱]

ان اقوال سے حضرت شیخ نے اشعریہ وحنفیہ اور مرجئہ وغیرہ کی تردید کی ہے جو یہ کہتے ہیں کہ ایمان میں کمی و زیادتی نہیں ہوتی بلکہ ہمارا ایمان حضرت جبریل و میکائیل کے ایمان کی طرح ہے [نعوذ باللہ من ذلک]۔

بلکہ حضرت شیخ اور علمائے اہل سنت و جماعت کا عقیدہ ہے کہ مومن اپنے ایمان میں ایک دوسرے سے مختلف ہیں بطور استدلال شیخ نے غنیۃ الطالبین میں کئی آیتیں نقل کی ہیں۔ جیسے:

[فَأَمَّا الَّذِينَ آمَنُوا فَزَادَتْهُمْ إِيمَانًا وَهُمْ يَسْتَبْشِرُونَ] {التوبة:١٢٤}

"سو جو لوگ ایماندار ہیں اس سورت نے ان کے ایمان کو اور زیادہ کیا ہے اور وہ خوش ہو رہے ہیں"

یہ آیت نقل کرنے کے بعد لکھتے ہیں کہ یہ بھی ظاہر ہے کہ جس چیز میں اضافے کا امکان ہوتا ہے اس میں کمی کی بھی گنجائش ہوتی ہے۔۔۔

پھر مزید چند آیات نقل کرنے بعد لکھتے ہیں کہ حضرت ابن عباس، ابو ہریرہ اور ابو درداء رضی اللہ عنہم سے روایت ہے کہ ایمان میں کمی و زیادتی ہوا کرتی ہے، مگر ابو الحسن اشعری کے پیروکاروں نے ایمان کے گھٹنے سے انکار کیا ہے۔ [غنیۃ الطالبین اردو ص ۱۵۳]۔

اور شیخ اس مسئلہ میں اس قدر سخت تھے کہ حنفیہ کو باطل و گمراہ فرقوں میں شمار کیا ہے۔ دیکھئے غنیۃ الطالبین اردو ص ۲۰۴۔

اسی طرح معتزلہ اور ماتریدیہ وغیرہ کا کہنا ہے کہ کسی کو یہ کہنا جائز ہے کہ میں ان شاء اللہ مومن ہوں، بلکہ یہ کہنا چاہئے کہ میں حقیقت میں اور یقیناً مومن ہوں۔ حالانکہ شیخ عبد القادر کی رائے یہ ہے کہ کسی مسلمان کے لئے یہ کہنا جائز نہیں ہے کہ میں یقیناً مومن ہوں بلکہ واجب ہے کہ یوں کہے میں ان شاء اللہ مومن ہوں۔ دیکھئے الغنیہ اردو ص ۱۵۵۔ عربی ۶۳/۱۔

شیخ عبد القادر جیلانی اور کرامتیں

کسی نیک و صالح اور متبع سنت شخص سے اگر کوئی خارق عادت امر ظاہر ہو تو اسے کرامت کہتے ہیں۔ اگر یہی چیز کسی نبی سے ظاہر ہو تو معجزہ کہتے ہیں اور اگر کسی فاسق و فاجر اور کافر و مشرک سے ظاہر ہو تو اسے استدراج کہا جاتا ہے۔

کرامت کے سلسلے میں یہ نکتہ ذہن نشین رہنا چاہئے کہ اولا تو کرامت کا ظاہر کرنا کسی ولی کے اپنے اختیار میں نہیں ہوتا اور نہ ہی کوئی سچا ولی اس کا دعویدار ہوتا ہے بلکہ بسا اوقات کرامت کا ظہور ہو جاتا ہے اور ولی کو اس کی خبر بھی نہیں ہوتی، یہ وقت اس موضوع کو چھیڑنے کا نہیں ہے۔

ثانیا: کرامت کا ظہور ولایت کے لئے شرط نہیں ہے اور نہ ہی یہ شرط ہے کہ جس ولی سے جس قدر زیادہ کرامات کا ظہور ہو وہ اتنا ہی بڑا ولی ہو بلکہ یہ بھی ممکن ہے کہ بندہ اللہ کا بہت بڑا ولی ہو اور اس سے کسی بھی کرامت کا ظہور نہ ہو، جیسا کہ صحابہ کرام رضوان اللہ علیہم اجمعین جو اللہ کے اولیاء اور دنیا کے تمام اگلے پچھلے ولیوں سے بہت اونچے مقام پر فائز تھے اس کثرت سے کرامات کا ظہور نہیں ہوا ہے جس قدر بعد کے ولیوں سے ہوا ہے۔

لیکن چونکہ بعد کے لوگوں نے ولی و کرامت سے متعلق ان اصول وضوابط کو سامنے نہیں رکھا، یا یہ کہا جائے کہ وہ انہیں جانتے ہی نہیں ہیں لہذا بہت سے ایسے کام جو کرامت نہیں ہیں بلکہ استدراج وامتحان اور اتفاق ہیں انہیں اپنے خود ساختہ ولیوں کی کرامت شمار کر لیا۔

ثالثا: یہ امر بھی مبنی بر حقیقت ہے کہ اللہ تعالی نے شیخ عبد القادر جیلانی رحمہ اللہ کو کرامتوں سے نوازا تھا بلکہ اس میں اللہ تعالی کی کوئی بہت بڑی حکمت ہی ہے کہ دوسرے ولیوں و بزرگوں کے مقابلے میں انہیں زیادہ کرامتوں سے نوازا تھا چنانچہ انکے تذکرہ نگار اس بات پر متفق ہیں کہ شیخ سے بار ہا کرامات کا ظہور ہوا ہے۔ چنانچہ سلطان العلماء حضرت العز بن عبد السلام رحمہ اللہ نے فرمایا: بنقل تواتر جسقدر ہم تک شیخ عبد القادر کی کرامات پہنچیں ہیں کسی اور کی نہیں پہنچی۔ [السیر ۴۴۳ / ۲۰، شذرات الذہب ۲۰۰ / ۴، ذیل الطبقات ۲۹۲ / ۱]۔

مشہور حنبلی امام موفق الدین ابن قدامہ رحمہ اللہ کہتے ہیں جس قدر کرامات حضرت شیخ عبد القادر رحمہ اللہ کی بیان کی جاتی ہیں اسقدر کرامات کسی اور کی ہمیں سننے میں نہیں آئیں۔ [ذیل الطبقات ۲۹۲ / ۱، شذرات الذہب ۱۹۹ / ۴]۔

اسی طرح امام ذہبی اور ابن رجب رحمہما اللہ نے بھی اس کا اعتراف کیا ہے۔ [السیر ۴۴۹ / ۲۰، ذیل الطبقات ۲۹۷ / ۱]۔

حتی کہ بعض لوگوں نے یہاں تک مبالغہ کیا ہے کہ شیخ کی کرامات اس قدر زیادہ ہیں کہ انہیں اعداد و شمار میں نہیں لایا جا سکتا۔ [شذرات الذہب ۱۹۹ / ۴]۔ حالانکہ یہ بات صحیح نہیں ہے۔

شیخ کی کرامات کے سلسلے میں جہاں بہت سے لوگ حد اعتدال کو پار کر گئے ہیں وہیں کچھ لوگوں نے حضرت شیخ رحمہ اللہ کی کھلی حق تلفی کی ہے۔

چنانچہ بعض متشددین اور کم علم و کم فہم لوگوں نے تو شیخ پر دجل و فریب وغیرہ کا

الزام لگایاہے حالانکہ شیخ کی ذات دجل وفریب اور کذب بیانی وغیرہ سے ویسے ہی بری ہے جیسے حضرت یوسف علیہ السلام کے خون سے بھیڑیا بری تھا۔

اس جماعت کے برخلاف ایک دوسری جماعت نے شیخ کے بارے میں غلو سے کام لیا اور ان کی طرف بعض ایسی کرامتیں بھی منسوب کر دیں ہیں جو شیخ کے مقام ومرتبہ سے مناسبت نہیں رکھتیں۔ حتی کہ اسمیں سے بعض ایسی کرامتیں ہیں جو شریعت سے کھلے طور پر ٹکراتی ہیں سچ کہاہے امام ذہبی رحمہ اللہ نے کہ مشائخ میں جس قدر کرامات واحوال شیخ عبد القادر کے بیان کئے جاتے ہیں کسی اور کے نہیں بیان کئے جاتے ہیں لیکن یہ بات بھی حق ہے کہ ان میں سے بہت سی کرامتیں جھوٹی ہیں اور بعض کرامتوں میں تو محال چیزوں کا ذکر ہے۔[السیر ۲۵۰/۲۰]۔

یہی وجہ ہے کہ حضرت شیخ کے تذکرہ اور کرامات سے متعلق وہ کتاب جو ابو الحسن الشطنوفی المصری نے لکھی ہے اس پر علماء نے سخت نکیر کی ہے حتی کہ بعض علماء نے اس کتاب کی بنیاد پر خود شطنوفی کو متہم اور جھوٹا قرار دیا ہے۔[دیکھئے ذیل الطبقات ۲۹۳/۱، الدرر الکامنہ ۱۴۲/۳]۔

مثال کے طور پر دو ایک ایسی کرامتیں ملاحظہ کرلیں جسے لوگوں نے جھوٹ اور غلط شیخ کی طرف منسوب کر دیا ہے۔

عمر البزار بیان کرتے ہیں کہ ایک بار میں شیخ عبد القادر کے ساتھ جامع مسجد کی طرف نکلا، دیکھا یہ کہ آج کوئی بھی شخص شیخ سے سلام نہیں کر رہا ہے، مجھے تعجب ہوا کہ ہر جمعہ کو جب ہم نکلتے تھے تو سلام کرنے والوں کے ہجوم کی وجہ سے راستہ چلنا مشکل ہو جاتا تھا ابھی میرے دل میں یہ خیالات گھوم ہی رہے تھے کہ کہ شیخ مسکراتے ہوئے میری طرف متوجہ ہوئے اور دیکھتے ہی دیکھتے سلام کرنے کے لئے اس قدر لوگ ٹوٹ پڑے کہ

میرے اور شیخ کے درمیان آڑ بن گئے میں نے اپنے دل میں سوچا اس سے بہتر تو وہی حالت تھی جو پہلے تھی کہ شیخ سے کوئی سلام نہیں کر رہا تھا شیخ مسکراتے ہوئے دوبارہ میری طرف متوجہ ہوئے اور فرمایا: اے عمر تم ایسا سوچ رہے ہو؟ کیا تجھے معلوم نہیں کہ لوگوں کا دل میرے ہاتھ میں ہے جب چاہوں تو اپنی طرف پھیر لوں اور جب چاہوں اپنے سے دور کر دوں۔ [بھجۃ الاسرار ۷۶]۔

۲-ابو حفص عمر الکیسانی بیان کرتے ہیں کہ شیخ عبد القادر لوگوں کے سامنے ہوا میں چلا کرتے تھے اور کہتے تھے سورج طلوع ہونے سے قبل مجھ سے سلام کرتا ہے، کوئی بھی نیا سال آنے سے پہلے مجھ سے سلام کرتا اور مجھے یہ بتلا دیتا ہے کہ سال بھر میں کیا کیا ہونے والا ہے، کوئی بھی نیا مہینہ آنے سے قبل مجھ سے سلام کر کے پورے مہینہ میں پیش آنے والے واقعات کی خبر دے دیتا ہے، اسی طرح ہفتہ آنے سے قبل مجھ سے سلام کر کے ہفتہ بھر پیش آنے والے واقعات کی خبر دے دیتا ہے اور دن آنے سے پہلے مجھ سے سلام کرتا ہے اور پورے دن میں پیش آنے والے واقعات کی مجھے اطلاع دیتا ہے۔ نیز فرماتے: میرے رب کے عزت کی قسم نیک بختوں اور بد بختوں کے نام جو لوح محفوظ میں درج ہیں میری آنکھوں کے سامنے پیش کئے جاتے ہیں میں علم الہی اور اس کے مشاہدات کے سمندر میں غوطہ لگاتا ہوں میں تم تمام لوگوں میں اللہ کی حجت اور اس کے رسول کا نائب اور وارث ہوں۔ صفحہ ۴۰

۳-اسی طرح کی ایک اور جھوٹی کرامت پڑھئے۔

ایک مرتبہ شیخ عبد القادر جیلانی لوگوں کے سامنے بڑے ہی حضور قلب سے تقریر کر رہے تھے کہ آپ نے فرمایا: میرا یہ قدم ہر ولی کی گردن پر ہے یہ سن کر شیخ علی الھیشمی کھڑے ہوئے اور کرسی پر چڑھ کر شیخ کے قدم کو اپنی گردن پر رکھ لیا اور ان کے دامن

میں داخل ہوگئے یہ دیکھ کر تمام حاضرین نے اپنی گردن جھکادی۔ صفحہ ۳

اسی پر بس نہیں بلکہ اس مولف نے یہاں تک لکھ دیا ہے کہ جب شیخ عبد القادر نے یہ کلمات کہے تو ان کے دل میں حق تعالی کی تجلی نازل ہوئی اور مقرب فرشتوں کی ایک جماعت اللہ کے رسول صلی اللہ علیہ وسلم کی طرف سے ایک خلعت خلافت لیکر آئی اور تمام گزرے ہوئے اور آنے والے ولیوں کی موجودگی میں زندہ ولی اپنے جسموں سمیت حاضر تھے اور مردہ ولیوں کی روحیں حاضر ہوئیں سب کے سامنے خلعت خلافت پہنادیا، اس وقت فرشتے اور رجال غیب ہوا میں صفیں باندھے کھڑے تھے حتی کہ ان سے سارا افق بھرا ہوا تھا۔ صفحہ ۹

ان تینوں کرامتوں پر کسی حاشیہ آرائی کی ضرورت نہیں ہے، کیونکہ ان کا توحید کے خلاف ہونا بالکل ظاہر ہے، ہر شخص جو معمولی علم بھی رکھتا ہے وہ ان کے کذب و دجل ہونے کے بارے میں شبہ نہیں کرسکتا، یہی وجہ ہے کہ امام ذہبی اور ابن رجب رحمہا اللہ وغیرہ نے شیخ کی طرف منسوب بہت سی کرامتوں کے جھوٹے ہونے کی صراحت کی ہے۔ [ذیل البطقات ۲۹۳/ ۱، السیر ۴۵۰/ ۲۰]۔

دیکھئے الشیخ عبد القادر جیلانی و آراؤہ الاعتقادیہ والصوفیہ صفحہ ۵۷۵ اور اس کے بعد۔

البتہ شیخ رحمہ اللہ کی جو کرامات ثابت ہیں ان سے انکار کی گنجائش نہیں ہے اور نہ ہی عقیدہ اہل سنت وجماعت کے خلاف ہے ان میں سے بعض کرامات کا ذکر امام ذہبی رحمہ اللہ نے سیر اعلام النبلاء اور حافظ ابن رجب رحمہ اللہ نے ذیل طبقات حنابلہ میں کیا ہے۔

اب آخر میں شیخ کے محبین کے لئے ایک قادری تحفہ اور پھر شیخ رحمہ اللہ کی ایک دعا پر اس کتابچہ کو ختم کرتے ہیں۔

شیخ رحمہ اللہ چند نصیحتی کلمات کے بعد فرماتے ہیں:

توحید فرض ہے، طلب حلال فرض ہے، ضروری علم کا حاصل کرنا فرض ہے، عمل میں اخلاص فرض ہے، {شرعی} عمل پر بدلہ نہ لینا فرض ہے، اس لئے تم فاسقوں اور منافقوں کی مجلس سے دور بھاگو، سچے اور نیک لوگوں کی صحبت اختیار کرو اگر ایک نیک صالح اور منافق کے درمیان فرق کرنا مشکل ہو جائے تو رات کو اٹھ کر دو رکعت نماز پڑھو اور اللہ کے حضور یہ دعا کرو، اے میرے رب اپنے نیک و صالح بندوں تک مجھے پہنچا، میری رہنمائی اس بندے تک کر جو میری رہنمائی تیری طرف کرے، جو مجھے تیرا رزق {مراد پاک رزق} کھلائے تیرا پانی پلائے اور میری آنکھوں میں تیرے قرب کا سرمہ لگائے اور جو حق وہ دیکھ رہا ہے ظاہری طور پر، تقلیدی طور پر نہیں مجھے بتلائے۔ [الفتح الربانی صفحہ ۱۱۹ مجلس ۲۶]۔

کاش کہ شیخ کا نعرہ لگانے والے ان سے محبت کا دعوی کرنے والے حضرات جب انہیں کوئی مشکل مسئلہ درپیش ہوتا اور حق وباطل میں تمیز مشکل ہو جاتی تو اس نسخہ قادریہ کو اپناتے۔ اس مجلس نمبر ۲۶ کے آخر میں ہے کہ شیخ مجلس کی ابتداء میں یہ دعا پڑھتے پھر اپنی بات شروع کرتے۔

الحمد لله رب العالمين (تین بار)

عدد خلقه وزنة عرشه ورضا نفسه ومداد كلماته ومنتهى علمه وجميع ما شاء خلق و ذرأ و برأ ، عالم الغيب والشهادة الرحمن الرحيم الملك القدوس العزيز الحكيم وأشهد أن لا إله إلا الله وحده لا شريك له له الملك وله الحمد يحيى ويميت وهو حى لا يموت بيده الخير وهو على كل شىء قدير وإليه المصير وأشهد أن محمدا عبده ورسوله أرسله بالهدى ودين الحق ليظهره على الدين كله ولو كره الكافرون .

اللهم صل على محمد وعلى آل محمد و احفظ

الإمام والأمة والراعى والرعية وألف بين قلوبهم فى الخيرات و ادفع شر بعضهم عن بعض

اللهم وأنت العالم بسرائرنا فأصلحها وأنت العالم بحوائجنا فاقضها وأنت العالم بذنوبنا فاغفرها وأنت العالم بعيوبنا فاسترها ، لا ترنا حيث نهيتنا لا تفقدنا حيث أمرتنا ، لا تنسنا ذكرك ولا تؤمنا مكرك لا تحوجنا إلى غيرك ، لا تجعلنا من الغافلين . اللهم ألهمنا رشدنا وأعذنا من شر أنفسنا ، اشغلنا بك عمن سواك ، اقطع عنا كل قاطع يقطعنا عنك ، ألهمنا ذكرك وشكرك وحسن عبادتك

پھر دائیں طرف متوجہ ہو کر فرماتے:

لا إله إلا الله ما شاء الله ، لا حول ولا قوة لنا إلا بالله العلى العظيم

پھر یہی کلمات سامنے کی طرف رخ کر کے فرماتے، پھر بائیں طرف متوجہ ہو کر یہی کلمات دہراتے، پھر فرماتے:

لا تبدأ أخبارنا ولا تهتك أستارنا ولا تؤاخذنا بسوء أعمالنا ، لا تحينا فى غفلة ولا تأخذنا على غرة:

[لَا يُكَلِّفُ اللهُ نَفْسًا إِلَّا وُسْعَهَا لَهَا مَا كَسَبَتْ وَعَلَيْهَا مَا اكْتَسَبَتْ رَبَّنَا لَا تُؤَاخِذْنَا إِنْ نَسِينَا أَوْ أَخْطَأْنَا رَبَّنَا وَلَا تَحْمِلْ عَلَيْنَا إِصْرًا كَمَا حَمَلْتَهُ عَلَى الَّذِينَ مِنْ قَبْلِنَا رَبَّنَا وَلَا تُحَمِّلْنَا مَا لَا طَاقَةَ لَنَا بِهِ وَاعْفُ عَنَّا وَاغْفِرْ لَنَا وَارْحَمْنَا أَنْتَ مَوْلَانَا فَانْصُرْنَا عَلَى الْقَوْمِ الْكَافِرِينَ] {البقرة:۲۸۶}

* * *